collection **avec 200 mots**

je vais au marché

illustrations de
Michel Charrier

avec 200 mots

Maquette couverture et intérieur : Jehanne-Marie Husson

© Bordas, Paris, 1987 pour le texte et les illustrations
ISBN 2-04-016825-7
Dépôt légal : mai 1987

Achevé d'imprimer en avril 1987 par :
Imprimerie H. PROOST, Turnhout, Belgique

" Toute représentation ou reproduction, intégrale ou partielle, faite sans le consentement de l'auteur, ou de ses ayants-droit, ou ayants-cause, est illicite (loi du 11 mars 1957, alinéa 1er de l'article 40). Cette représentation ou reproduction, par quelque procédé que ce soit, constituerait une contrefaçon sanctionnée par les articles 425 et suivants du Code pénal. La loi du 11 mars 1957 n'autorise, aux termes des alinéas 2 et 3 de l'article 41, que les copies ou reproductions strictement réservées à l'usage privé du copiste et non destinées à une utilisation collective d'une part, et, d'autre part, que les analyses et les courtes citations dans un but d'exemple et d'illustration "

J'aime aller au marché.

L'école est près du marché.

arête	escargot	paquet
balance	facteur	poisson
cartable	huître	poissonnerie
cour	instituteur	poissonnier
courrier	institutrice	poissonnière
école	lampadaire	poste
écolier	moule	tableau

Retrouve les mots dans l'image
mais attention
il y en a un qui n'est pas dessiné.

(tableau)

Il a plu la nuit dernière.

baba	brioche	flaque
biscotte	cake	galette
bonbon	chausson	gerbe
boue	chewing-gum	imperméable
boulanger	comptoir	moulin
boulangère	croissant	pâtisserie
boulangerie	croûte	tarte

Retrouve les mots dans l'image
mais attention
il y en a un qui n'est pas dessiné.

(vqvq)

Le marchand de journaux n'a pas reçu mon magazine.

arbre	choucroute	pâté
bifteck	côtelette	persil
blouson	journal	restaurant
boucher	kiosque	rôti
boucherie	oie	rue
charcuterie	os	saucisson
charcutière	panier	tonneau

Retrouve les mots dans l'image
mais attention
il y en a un qui n'est pas dessiné.

(arbre)

La voisine promène son bébé.

antenne
camembert
crémerie
crémier
crémière
église
gruyère

lait
landeau
maison
manteau
marteau-piqueur
parapluie
petit-suisse

pharmacie
pharmacienne
pigeon
porte-monnaie
trottoir
tube
yaourt

Retrouve les mots dans l'image
mais attention
il y en a un qui n'est pas dessiné.

(antenne)

La peinture n'est pas encore sèche.

aiguille	coiffeur	mercerie
barrette	dé	mercière
bobine	échafaudage	peigne
bouton	épingle	peintre
brosse	fil	peinture
chaussette	gaufre	pinceau
ciseaux	gouttière	tache(s)

Retrouve les mots dans l'image
mais attention
il y en a un qui n'est pas dessiné.

(gouttière)

Le fleuriste a très peu de fleurs aujourd'hui.

abeille	figue	noyau
abricot	fleuriste	orange
banane	iris	poire
boîte	kiwi	pyramide
bretelles	marchand	raisin
datte	melon	tomate
étiquette	noix	tulipe(s)

Retrouve les mots dans l'image mais attention il y en a un qui n'est pas dessiné.

(boîte)

Reposons-nous un peu.

addition
banc
béret
chaussure
cigare
cirage
conserve

cordonnier
échelle
épicerie
épicier
épicière
espadrille
lacet

libraire
librairie
renard
sandale
semelle
survêtement
talon

Retrouve les mots dans l'image
mais attention
il y en a un qui n'est pas dessiné.

(échelle)

Regarde le beau bracelet !

bague
bijou
bijouterie
bijoutière
bracelet
cadenas
clé

clou
collier
horloger
manche (un)
marteau
mètre
montre

pinces
quincaillerie
quincaillier
serrure
tire-bouchon
tournevis
vis

Retrouve les mots dans l'image
mais attention
il y en a un qui n'est pas dessiné.

(collier)

Le brocanteur a toujours de nouvelles choses.

astronaute	cafetière	fusée
avion	camionnette	fusil
barbe	canapé	hibou
berceau	chandelier	jouet
brocanteur	commode	mannequin
bus	damier	meuble
cadre	dinosaure	pion

Retrouve les mots dans l'image
mais attention
il y en a un qui n'est pas dessiné.

(avion)

Qu'allons-nous acheter ?

arrosoir
artichaut
aubergine
brocoli
carotte
céleri
chou

citrouille
courgette
endive
épinard
haricot
légume
maïs

navet
olive
petits pois
poireau
pomme de terre
radis
salade

Retrouve les mots dans l'image
mais attention
il y en a un qui n'est pas dessiné.

(arrosoir)

mes 200 mots

1. abeille
2. abricot
3. addition
4. aiguille
5. arête
6. artichaut
7. astronaute
8. aubergine
9. bague
10. balance
11. banane
12. banc
13. barbe
14. barrette
15. berceau
16. béret
17. bifteck
18. bijou
19. bijouterie
20. bijoutière
21. biscotte
22. blouson
23. bobine
24. bonbon
25. boucher
26. boucherie
27. boue
28. boulanger
29. boulangère
30. boulangerie
31. bouton
32. bracelet
33. bretelles
34. brioche
35. brocanteur
36. brocoli
37. brosse
38. bus
39. cadenas
40. cadre
41. cafetière
42. cake
43. camembert
44. camionnette
45. canapé
46. carotte
47. cartable
48. céleri
49. chandelier
50. charcuterie
51. charcutière

52 chaussette
53 chausson (gâteau)
54 chaussure
55 chewing-gum
56 chou
57 choucroute
58 cigare
59 cirage
60 ciseaux
61 citrouille
62 clé
63 clou
64 coiffeur
65 commode
66 comptoir
67 conserve
68 cordonnier
69 côtelette
70 cour
71 courgette
72 courrier
73 crémerie
74 crémier
75 crémière
76 croissant
77 croûte
78 damier
79 datte
80 dé
81 dinosaure
82 échafaudage
83 école
84 écolier
85 église
86 endive
87 épicerie
88 épicier
89 épicière
90 épinard
91 épingle
92 escargot
93 espadrille
94 étiquette
95 facteur
96 figue
97 fil
98 flaque
99 fleuriste
100 fusée
101 fusil
102 galette

103 gaufre	120 lampadaire	137 meuble
104 gerbe	121 landeau	138 montre
105 gruyère	122 légume	139 moule (une)
106 haricot	123 libraire	140 moulin
107 hibou	124 librairie	141 navet
108 horloger	125 maïs	142 noix
109 huître	126 maison	143 noyau
110 imperméable	127 manche (un)	144 oie
111 instituteur	128 mannequin	145 olive
112 institutrice	129 manteau	146 orange
113 iris	130 marchand	147 os
114 jouet	131 marteau	148 panier
115 journal	132 marteau-piqueur	149 paquet
116 kiosque	133 melon	150 parapluie
117 kiwi	134 mercerie	151 pâté
118 lacet	135 mercière	152 pâtisserie
119 lait	136 mètre	153 peigne

154 peintre	171 pomme de terre	188 survêtement
155 peinture	172 porte-monnaie	189 tache(s)
156 persil	173 poste (la)	190 talon
157 petits pois	174 pyramide	191 tarte
158 petit-suisse	175 quincaillerie	192 tire-bouchon
159 pharmacie	176 quincaillier	193 tomate
160 pharmacienne	177 radis	194 tonneau
161 pigeon	178 raisin	195 tournevis
162 pinceau	179 renard	196 trottoir
163 pinces	180 restaurant	197 tube
164 pion	181 rôti	198 tulipe(s)
165 poire	182 rue	199 vis
166 poireau	183 salade	200 yaourt
167 poisson	184 sandale	
168 poissonnerie	185 saucisson	
169 poissonnier	186 semelle	
170 poissonnière	187 serrure	

PRINTED IN BELGIUM BY
proost
INTERNATIONAL BOOK PRODUCTION